AF509823

LES ENFANTS DU DÉSERT.

BIOGRAPHIE

DES CAVALIERS ARABES QUI EXÉCUTENT LA

FANTASIA

A L'HIPPODROME,

PRÉCÉDÉ D'UNE NOTICE HISTORIQUE SUR L'ALGÉRIE ET LES MOEURS RELIGIEUSES DES AFRICAINS-MAHOMÉTANS.

Par Ch. L.

Prix : 25 c.

PARIS

IMPRIMERIE CENTRALE DE NAPOLÉON CHAIX ET Cie, RUE BERGÈRE, 20.
1851.

AVANT-PROPOS.

Les Arabes que l'administration de l'Hippodrome possède en ce moment méritent, non-seulement à cause de leur habileté dans les exercices de la *fantasia*, mais encore par l'idée qui a présidé à leur départ, une place importante parmi les étrangers dont la biographie est devenue chose indispensable.

On sait les services éminents que la France a rendus et rend encore au milieu des contrées africaines, que la conquête de 1830 a trouvées livrées à ces habitudes grossières que la civilisation seule peut faire disparaître. Ces services, les Arabes qui font le sujet de cette brochure ont su les comprendre; et, nous en sommes persuadés, ce n'est pas l'appât du gain qui les a amenés parmi nous, mais bien un mouvement trop louable pour être caché : le désir de connaître les mœurs européennes, surtout les usages français dont ils ont su apprécier les bienfaits.

Avant de commencer les diverses biographies de ces enfants du désert, nous croyons nécessaire de dire un mot sur leur pays et les usages locaux que l'installation française n'a pu faire disparaître, tant ils sont inhérents dans l'esprit des indigènes.

L'Algérie comprend le long de la Méditerranée, sur le continent de l'Afriqne, une onduleuse étendue de côtes qui court d'orient en occident. Elle peut avoir deux cent cinquante lieues entre ses deux limites orientales et occidentales, sur une profondeur habitable d'environ soixante lieues.

L'aspect intérieur du pays est d'abord riant et fertile ; une végétation vigoureuse le décore avec luxe partout où le ruisseau murmure. L'on voit le *Tell* et le *Sahhel* se tapisser des plus tendres pelouses, s'ombrager des plus épais berceaux.

Allez plus loin, l'aspect change peu à peu ; la nature semble se montrer plus avare de ses dons et faire respecter sa virginité. Nous arrivons au désert : les sables brûlants s'étendent sur la moitié de la surface du pays et le désolent par leur aridité ; en sorte que la fécondité la plus puissante d'une part, et la stérilité la plus invincible de l'autre partagent l'Algérie en deux zônes bien marquées.

Ces quelques lignes, qui viennent de mettre le lecteur en relation avec le pays des cavaliers arabes, ont été prises par nous dans un ouvrage remarquable sur l'Algérie, et dû à la plume d'un officier supérieur de notre armée d'Afrique très-distingué : *Le Sahara algérien* de M. Daumas, aujourd'hui chef de la direction arabe au ministère de la guerre.

Maintenant, quelques réflexions sur la religion et les coutumes africaines.

Les mahométans adorent Dieu invisible, immatériel et tout-puissant ; ils vénèrent Mahomet comme le prophète suprême, médiateur entre Dieu et les créatures ; ils croient à la résurrection, au jugement dernier, à la fatalité, plus puissante que lui-même, et qui trace la route aux hommes pour les conduire au séjour du bonheur où doivent enfin se réunir toutes les âmes.

L'enfer n'est point une prison éternelle, mais bien, suivant leurs idées, un purgatoire plus ou moins formidable ; ils honorent Jésus-Christ comme un homme animé d'une émanation directe de l'esprit de Dieu, et lui donnent le deuxième rang après Mahomet ; ils croient en ses miracles , mais pensent que Dieu, en l'enlevant à lui au jour de sa passion, n'a laissé à la rage des Juifs que le traître Judas, que, dans leur erreur, ils ont crucifié à sa place.

Ils respectent l'Evangile. La Bible, principalement les livres de Moïse, et le *Psautier*, sont pour eux des autorités de premier ordre.

Ils trouvent leur doctrine dans le *Koran ;* c'est dans ce livre qu'ils ont leur code moral et politique.

Ils le respectent comme venant d'*Allah*.

Le *Ramadan* (1), le pèlerinage de *la Mecque*, la fête du *Mouloud* (naissance de Mahomet), celle de l'*Aïd-Kebir* ou *Doha* (où l'on immole des moutons pour la rémission des péchés), amènent diverses cérémonies où l'esprit de piété semble pénétrer tous les cœurs.

L'intérieur des mosquées est simple ; des nattes ou tapis et quelques lampes sont tout l'ornement de ces temples.

Tout chrétien, en déposant sa chaussure à la porte, peut examiner l'intérieur de l'édifice. A l'entrée se trouve une fontaine qui sert aux ablutions préalables à la prière. Aux heures canoniques, on voit, pendant le jour, une petite bannière blanche ou verte ; pendant la nuit, un fanal que l'on hisse à une potence fixée sur le haut du minaret.

Passons maintenant à la biographie des hommes dont nous venons d'esquisser le pays et la religion : avant de les faire intimement connaître, nous jugeons convenable de faire une réflexion qui, bien que peu importante, pourra en donner une idée avantageuse ; c'est que pas un seul n'a combattu contre nos troupes, et qu'au contraire cinq sur douze ont fait partie de l'armée française, ayant, après la soumission des tribus

---

(1) Le *Ramadan*, jeûne de quarante jours, ou carême des enfants de Mahomet, commence le 1er juillet et finit le 10 août.

auxquelles ils appartiennent, formé des engagements
dans les divers corps militaires constitués en Afrique
depuis 1835. Ceci dit, nous entrons en matière et
fournissons les renseignements que nos héros nous ont
fournis de leur propre bouche.

BIOGRAPHIE.

ALI BEN MAHOMED.

Ce cavalier est âgé de 19 ans et issu d'une famille de la
plaine. De 1835 à 1840, quoique tout jeune , il accompagna
divers officiers de l'armée française aux expéditions, et fit si
bien, soit avec eux, soit avec les colons ou les soldats, qu'en
très-peu de temps il sut parler le français et s'en faire comprendre, à part l'accent natal qui reste toujours.

Joignant à cela les connaissances naturelles de la langue
arabe, il ne tarda pas à entrer en 1841 comme interprète à
la Bouzaréa près Alger, attaché à un poste de gendarmes
maures.

A 21 ans, Ali prit du service dans ce dernier corps, où,
après avoir assisté aux expéditions du Col-de-Fer, de Médéah
et de Miliana, pendant lesquelles il se signala et reçut diverses blessures, il rentra à Alger, où il fut chargé, par les
officiers de remonte de l'armée, de l'achat des chevaux.

Ali occupait encore cet emploi lorsque la troupe de cavaliers arabe s'organisa à Alger, Médéah et Miliana; il participa
activement à cette organisation et au départ de la *Smala-
touriste*. Maintenant, encore, il occupe une certaine position
au milieu de ses camarades, étant en quelque sorte interprète
entre eux et les Français.

Ali est bon cavalier, et sait joindre à son adresse dans la *fantasia* une humilité digne de remarque pour un homme qui s'est élevé tout à coup au milieu de ses semblables et par son propre mouvement.

BACHIR BEN EL BEY.

Bachir, âgé de 31 ans, naquit à Médéah, après la prise de cette ville par l'armée française ; son père en fut nommé bey par le gouvernement général, et périt au service de France à l'expédition de 1836. Notre gouvernement fait à la famille de Bachir une pension mensuelle de 250 fr.

Devenu orphelin à 14 ans, Bachir entra au bureau arabe de Médéah, où il resta jusqu'à ce qu'il pût monter à cheval et prendre du service dans le 4e escadron de spahis, commandé alors par le colonel Marey ; ensuite il permuta avec le grade de brigadier dans l'escadron du colonel d'Alonville, alors à Miliana.

Bachir a assisté aux expéditions du Maroc et à la prise de la Smala d'Abd-el-Kader, où il s'est signalé.

Il a été blessé plusieurs fois, notamment au-dessus de la lèvre supérieure gauche d'un coup de feu qu'il reçut dans les circonstances suivantes :

A l'attaque de Bouffarik par les Arabes, Bachir, étant placé en védette pendant la nuit à une assez grande distance du camp, fut tout-à-coup assailli par une douzaine de cavaliers de la plaine qui firent une décharge sur lui, et se sauvèrent aussitôt. Heureusement, que la plus grande partie des balles allèrent se loger dans le turban ou dans le burnous et qu'une seule l'atteignit. Le fils du bey de Médéah en est quitte pour un trou parfaitement marqué au-dessus de la moustache.

Après la prise de la Smala par le duc d'Aumale, Bachir rentra dans ses foyers et cultiva le reste du patrimoine de son père jusqu'à son départ pour la France avec la troupe des cavaliers-africains.

HAMOUD BEN MOHAMED.

Hamoud Ben Mohamed est âgé de 22 ans. Alger fut sa ville natale; son père, Mohamed, était un riche habitant de Constantinople. Etant venu s'établir à Alger, il fut attaché en qualité de premier secrétaire auprès d'Hussein Pacha, dey d'Alger. Mohamed occupait cet emploi le 27 avril 1827, lorsque M. Deval, consul-général français auprès du gouvernement oriental, reçut, en venant complimenter le dey au sujet de la fête du *Beyram*, le sanglant affront qui décida l'expédition du maréchal comte de Bourmont.

Après la prise d'Alger par l'armée française, Hamoud, qui venait de perdre son père, fut recueilli par sa famille, au sein de laquelle il vécut jusqu'à l'âge de douze ans. A cette époque, il suivit en France le vicomte de la Briffe, avec lequel il vint à Paris, après les diverses expéditions, notamment celle de Miliana, qui signala l'année 1839.

A peine le jeune orphelin avait-il mis le pied sur le sol français, que M. le vicomte de la Briffe vint à mourir, laissant son protégé seul et sans aucun appui; cependant un ami prit soin de lui, et, sur sa demande, il retourna dans sa brûlante patrie auprès de sa famille.

Hamoud se livra à Alger à l'étude de l'équitation, notamment aux exercices de la *fantasia*, etc. Lorsqu'il fut question d'organiser une troupe pour visiter la France et y apporter les usages équestres de son pays, le fils de Mahomed se mit aussitôt sur les rangs, et revint avec un empressement heureux accompagner ses compatriotes dans un pays que, dix ans auparavant, il n'avait fait qu'entrevoir.

KERILL BEN KAROUFFA.

Le cavalier arabe Kerill est né, en 1823, à Bone, chef-lieu de la 3e division de Constantine. Son père s'appelait Ali Karouffa, et était capitaine corsaire attaché au dey d'Alger.

A 17 ans, Kerill s'engagea au 5e escadron des spahis d'Alger, d'où, après avoir fait un congé de trois ans, il passa au 7e escadron du 1er régiment de chasseurs avec le grade de brigadier. Son congé étant expiré, il entra, avec son grade, de ce dernier corps dans les gendarmes maures, qu'il quitta après trois ans de service pour reprendre du service, avec un engagement de trois ans, dans le 2e escadron de spahis. Kerill, dans les divers corps dont nous venons de parler, a fait toutes les expéditions depuis 1840 ; il a reçu des blessures très-nombreuses. Après nous être informés par nous-même de la conduite militaire de Kerill, nous avons acquis la certitude que c'est un de nos soldats indigènes qui ont le plus rendu de services à la France.

FÉRADJI BEN L'HARIBJ.

Féradji est un beau noir de Brésouda, petite ville du pays des Nègres, située à l'autre bout du grand Sahara d'Afrique.

Aujourd'hui âgé de 26 ans, Féradji remplissait, avant son départ pour la France, les fonctions de cavalier attaché à la personne du *califat* de son pays. Il appartient à la religion musulmane, ainsi que l'attestent les coupures dont sa figure est couverte.

Dans son pays, il est d'usage, à des jours marqués pour cette sorte de cérémonie, de faire des coupures, à l'aide d'un *flisa* bien tranchant, sur la figure des jeunes enfants. Le nombre de ces meurtrissures est déterminé suivant la religion à laquelle appartiennent les parents du petit malheureux, soit : trois sur chaque joue, pour la religion juive, et le même nombre, mais traversées par une quatrième coupure diagonale, pour les musulmans.

Ce genre de tatouage opéré sur des enfants de deux ans au plus amène une grande fête dans des familles et quelquefois dans la tribu tout entière.

Féradji, qui a tous ses parents à Brésouda, étant venu à Alger, il y a environ deux mois, apprit l'organisation de la troupe dont nous applaudissons les exercices aujourd'hui ; il fut pris tout à coup par un tel désir de voir la France qu'il signa au plus vite son engagement avec Ali et Backir, et ne quitta plus ses nouveaux camarades que pour aller embrasser un vieil oncle, le seul parent que son départ précipité lui permit de voir, le reste de sa famille étant au pays des nègres, dont il ne se sépara que le cœur gonflé par le plaisir et en même temps brisé par la douleur.

BEN MIRAH.

Miliana, appelée par les Romains Magnana, et chef-lieu de la 2ᵉ subdivision militaire de la province d'Alger, donna le jour à Ben Mirah Ben D'jach.

La tribu à laquelle il appartenait ayant fait sa soumission après 1830, il sortit avec sa famille de Miliana, occupée encore par les ennemis de la France.

Le père de Ben Mirah, enthousiasmé des succès de notre vaillante armée, le força à saluer le drapeau des chrétiens, sous lequel il se rangea en 1835.

Entré au 4ᵉ escadron de spahis, il assista à toutes les expéditions, et se signala même, le 8 juin 1840, à la prise de sa ville natale, Miliana, et surtout à son blocus par Abd-el-Kader, qui, ayant assailli la faible garnison qu'on y avait laissée, ne lui permit aucune communication au dehors, jusqu'à l'arrivée de la colonne expéditionnaire, dans laquelle se trouvait le 4ᵉ escadron de spahis, qui poursuivit les assiégeants jusque dans les gorges étroites de la Chiffa.

Après la soumission d'Abd-el-Kader, Ben Mirah se retira du service et rentra à Alger, où il s'occupa activement du commerce des tapis, des nattes, etc., etc.

Bien qu'il fût marié et possédât une nombreuse famille, Ben Mirah Ben D'jahch, sitôt qu'il sut le départ des cavaliers arabes, n'hésita pas un seul instant à visiter cette France que, de loin, dans sa jeunesse, il avait saluée avec transport.

SALEM BEN EL HADJ.

Salem est un véritable enfant du désert ; les sables brûlants de la Mozabie furent son berceau. Il dut le jour à Ben el Hadj, Mozabite commerçant. Son enfance fut employée à la garde des troupeaux.

Dès qu'il eut atteint l'âge de 15 ans, Salem se livra tout entier au commerce des chevaux en Afrique.

Connaissant parfaitement les exercices équestres, il fit parties des GRANDES FANTASIAS que donnaient à Alger et à Bouffarik les Arabes de la plaine et les spahis les jours de fêtes nationales. S'étant distingué particulièrement à la dernière *fantasia* qui fut donnée à l'occasion de la visite de M. le gouverneur général, à Bouffarik, il fut porté après Sédak sur la liste des cavaliers-touristes.

SEGHIR BEN SEDAK.

Seghir Ben Sedak, âgé de 30 ans, vit le jour à Rénégliffa, d'un cultivateur laborieux qui le garda auprès de lui jusqu'à l'âge de 21 ans.

La campagne de 1835 était encore présente à l'esprit des populations algériennes, et Ben Sedak, qui, à l'exemple de Ben Mirah, avait reconnu les succès de l'armée française, s'empressa, aussitôt qu'il eu 21 ans, de s'enrôler sous le drapeau tricolore, dont il voyait depuis dix ans la marche rapide sur le sol africain.

En 1840, il s'engagea dans le 3e escadron de spahis de Médéah, dans lequel il a servi jusqu'à ce jour, et qu'il n'a quitté que pour suivre la troupe arabe à son départ pour la France.

Brave soldat, habile cavalier et honnête garçon, là se résument les éloges qu'on peut faire de Seghir ben Sédak.

IBRAHIM BACKIR ET IBRAHIM NASCER.

Ces deux Arabes sont employés dans la troupe en qualité de chameliers ou conducteurs de chameaux. Tous les deux sont Mozabites et furent élevés au milieu de leurs déserts.

Ibrahim Backir est âgé de 37 ans. Son père, Brahim Backir, riche commerçant de dattes et de chameaux, l'employa à la garde et à la vente des troupeaux jusqu'au moment où il quitta l'Afrique.

Ibrahim Nascer est, comme son compagnon, le fils d'un marchand de chameaux, et lui-même continua la profession qu'il avait reçue de son père.

ALI BEN MOUSSADA.

Rien n'est connu sur la vie de cet Africain. Nous savons seulement qu'il est âgé de 26 ans, et qu'il naquit à Berrami, près Tripoli, d'un fabricant de tapis qui le voua à la garde des chameaux.

Il est employé dans la troupe en qualité de chamelier, avec Ibrahim Backir et Ibrahim Nascer.

Nous avons fait connaître autant que possible ces hommes qui, par des exercices d'un genre tout nouveau, viennent amuser la France. Maintenant à vous, lecteurs, de terminer notre tâche, et de prouver par vos acclamations à ces braves enfants de l'Algérie que les Français savent apprécier le talent et le récompenser partout où il se trouve et sous quelque forme qu'il brille.

www.ingramcontent.com/pod-product-compliance
Lightning Source LLC
LaVergne TN
LVHW021602170726
843501LV00010B/3839